D1607227

F comme Français

un abécédaire du Québec

Texte: Elaine Arsenault
Illustrations: Renné Benoit

F is for French

A Québec Alphabet

Text: Elaine Arsenault ❀ Illustrations: Renné Benoit

Aa

Les arts, la culture et le divertissement contribuent à l'enrichissement de la société québécoise et à sa joie de vivre légendaire. Montréal est l'hôte de nombreux festivals, notamment l'International des feux Loto-Québec, le Festival des films du monde, le Festival Juste pour rire, le Festival international Nuits d'Afrique et les FrancoFolies.

À l'affiche du Festival international de jazz de Montréal, on compte 3000 artistes provenant de plus de 30 pays. Les deux tiers des quelque 1000 concerts sont gratuits et présentés en plein air. Ce festival attire annuellement près de 2 millions de spectateurs.

Arts, culture, and entertainment contribute to the enrichment of society in Québec and to its *joie de vivre* (love of life). Montréal alone holds numerous festivals, including the Fireworks at LaRonde, the Montréal International Film Festival, Just for Laughs, Fringe Festival St-Ambroise, Nuits d'Afrique, and FrancoFolies.

The Montréal International Jazz Festival features 3,000 artists from over 30 countries. Two-thirds of the 1,000 concerts are free and held outdoors. This festival attracts close to two million people annually.

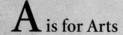

A comme arts

Je veux être un artiste, une grande célébrité
Peut-être un auteur griffonnant sur du papier
Ou même un poète qui joue de la guitare...
Mais chose certaine, je veux être une star.

A is for Arts

I want to be an artist, acting on a stage
or maybe a writer putting words upon a page.
I could be a poet and play my guitar.
But one thing's for sure: I want to be a star.

Bixi est le nom d'un système de vélos en libre-service. Ce mot-valise est la contraction de bicyclette et taxi. Montréal compte plus de 5000 Bixi et plus de 400 stations d'ancrage. Ces vélos très robustes ont été conçus et fabriqués par Cycles Devinci, une entreprise québécoise située à Chicoutimi.

Les Bixi ont été introduits dans plusieurs grandes villes, notamment Toronto, Ottawa, Londres et Boston. À Montréal, en 2010, plus de 10 millions de kilomètres ont été parcourus par les utilisateurs de Bixi, ce qui équivaut à environ 270 fois le tour de la Terre.

Bixi is a public bike. The name is made up of two words: bicycle and taxi. Montréal has more than 5,000 Bixis and more than 400 docking stations. These sturdy bicycles were designed and built by Cycles Devinci, located in Chicoutimi.

Bixis are now found in a number of cities, including Toronto, Ottawa, London UK, and Boston. In 2010, over ten million kilometres were clocked by Bixi users in Montréal alone; equivalent to 270 times around the world.

B b

B comme Bixi

Bixi dans la rue
Bixi alentour
Bixi jusqu'au parc
Bixi tout autour.

B is for Bixi

Bixi up the street and down,
Bixi all around.
Bixi to the park and back,
Bixi all through town.

C c

C comme Cirque du Soleil

Sous l'immense tente jaune et bleue,
les funambules marchent deux par deux.
Contorsionnistes et clowns se suivent à la queue leu leu.
Quel monde de merveilles, un monde si mystérieux!

Les cofondateurs du Cirque du Soleil, Guy Laliberté et Gilles Ste-Croix, ont fait leurs débuts comme artistes de rue dans le petit village de Baie-Saint-Paul où ils tenaient une auberge de jeunesse. Côtoyant tous les jours des gens talentueux, l'idée leur est venue de monter une troupe qui deviendrait plus tard le « Cirque du Soleil ».

En 1984, les artistes du Cirque du Soleil partent en tournée pour 13 semaines dans le cadre des festivités entourant le 450e anniversaire de l'arrivée de Jacques Cartier au Canada. Parce qu'il intégrait des numéros de divers styles, de la musique *live* et des artistes qui étaient aussi des machinistes, et qu'il ne présentait pas d'animaux, le Cirque du Soleil a été qualifié de cirque contemporain.

Le Cirque dont le siège social est à Montréal emploie aujourd'hui plus de 5000 personnes à travers le monde. On estime que plus de 100 millions de spectateurs ont assisté à une représentation du Cirque du Soleil depuis 1984.

Cirque du Soleil founders Guy Laliberté and Gilles Ste-Croix began their careers as street performers in Baie-Saint-Paul where they also managed a youth hostel for performers. With all this talent, they came up with the idea of organizing a troupe that they would one day call Cirque du Soleil, which means *Circus of the Sun*.

In 1984, the Cirque du Soleil performers did a 13-week tour in Québec to celebrate the 450th anniversary of Jacques Cartier's arrival in Canada. By combining performance styles, continuous live music, stagehands as performers, and the absence of animals, the Cirque defined itself as a contemporary circus.

With its main office in Montréal, the Cirque employs over 5,000 people worldwide. It is estimated that more than 100 million people have seen a show since 1984.

C is for Cirque du Soleil

A big top, yellow and blue,
tightrope-walkers, two by two.
Contortionists and clowns, and acrobats, too:
a world of wonder, too strange to be true.

Dd

Un dépanneur est un petit commerce, souvent de type familial. Dès qu'on pousse sa porte, une sonnerie retentit qui signale au propriétaire notre présence. Les vitrines sont décorées d'annonces locales, d'enseignes de bière au néon et d'affiches écrites dans toutes sortes de langues : français, anglais, hindi, arabe, grec, coréen, portugais, italien, etc.

On y trouve des articles de consommation courante comme du papier de toilette, des barres de chocolat, des boissons gazeuses, des fruits frais, du liquide vaisselle, des yogourts, des journaux, des timbres et des cartes téléphoniques. Selon le quartier où il se trouve, on y vend aussi des spécialités telles que du poulet grillé, des samossas, des baklavas, des churros ou des sandwiches au pain blanc.

Certains dépanneurs offrent la livraison à domicile comme dans l'ancien temps. Ce sont des gamins juchés sur de grosses bicyclettes munies d'un grand panier métallique qui font le travail.

Certains dépanneurs ont été vendus à des chaînes et leur aménagement intérieur a été modifié selon les normes du franchiseur : mobilier moderne et espace bien éclairé, machines à café et présentoirs à sandwiches. Pour les nostalgiques, ce n'est plus pareil. Il y a quelque chose qui s'est perdu. À commencer par la sonnette au-dessus de la porte d'entrée!

D comme dépanneur

Vite! J'achète un jus pour ma collation
et des croustilles pour après la natation.
Un litre de lait et une boîte d'œufs…
Zut! j'ai oublié quelque chose. Quoi d'neuf?

A dépanneur is typically a small, family-owned store with a brass bell that announces your arrival. The windows are plastered with local announcements, neon beer signs, and posters written in French, English, Hindi, Arabic, Greek, Korean, Portuguese, or Italian, and sometimes all of them combined.

You can find essentials such as toilet paper, chocolate bars, sodas, fresh fruit, dish-soap, yogurt, newspapers, stamps, and phone cards. And depending on the neighborhood, there are specialties like barbecue chicken, samosas, baklava, meat patties, churros, and plain white-bread sandwiches.

Some dépanneurs make home deliveries the old-fashioned way with boys on big bicycles with large baskets.

Some dépanneurs have been sold to franchises with modern displays and bright lights, coffee machines, and sandwich bars. For the traditionalists it's just not the same. There's something missing. For one thing, there's no bell over the door!

D is for Dépanneur

Run for an orange juice on the way to school,
for a bag of chips on the way to the pool,
for two percent milk and eggs in a carton,
and run back again for what was forgotten.

E e

E comme emblème

Le harfang des neiges vole haut dans le ciel.
Le bouleau jaune est magnifique comme tel.
Mais c'est la fleur de lis, cet emblème si beau,
Qui orne avec fierté notre drapeau.

Un emblème est une figure ou un objet représentant un pays, un groupe ou une idée. Le drapeau du Québec, adopté le 21 janvier 1948, est composé d'une croix blanche encadrée de quatre fleurs de lis sur un fond azur. La fleur de lis apparaît également sur le blason du Canada pour souligner le rôle du Québec dans la fondation du pays. Choisi comme emblème floral du Québec en 1999, l'iris versicolore ressemble le plus à la fleur de lis.

Le harfang des neiges est l'oiseau emblématique du Québec. Cet animal au plumage presque entièrement blanc peut survivre à des températures de -50°C. Il a une envergure de 140 cm environ. S'il paraît immense, il ne pèse en réalité qu'entre 1,6 et 3 kg. Capable de tourner la tête à 270°, il peut détecter un lemming, un animal de la grosseur d'une souris, à une distance de 1 km.

Le bouleau jaune avec son feuillage d'automne orangé est l'arbre officiel du Québec. Il joue un rôle important dans l'industrie forestière de la province.

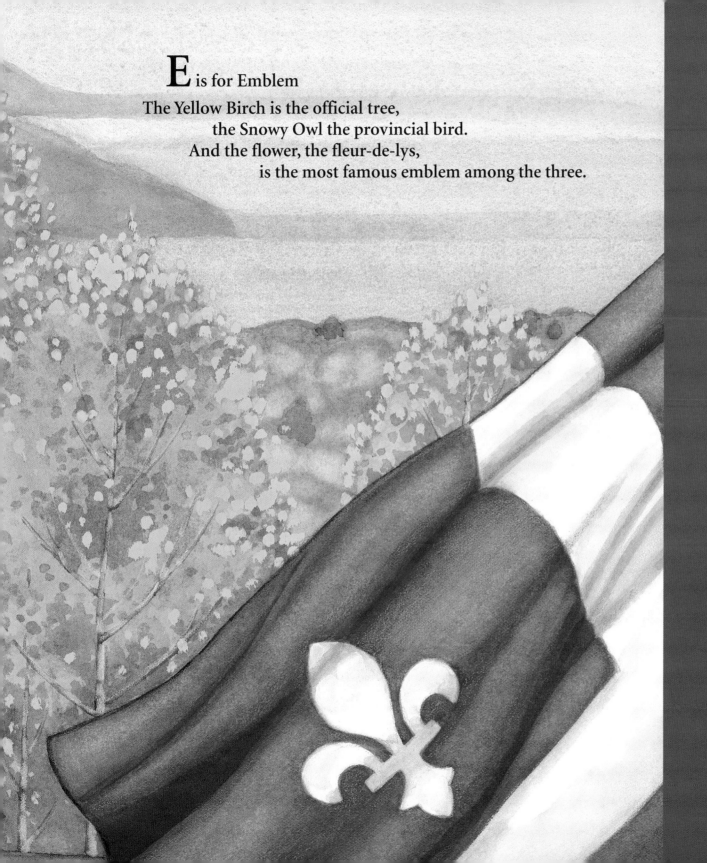

E is for Emblem
The Yellow Birch is the official tree,
        the Snowy Owl the provincial bird.
    And the flower, the fleur-de-lys,
            is the most famous emblem among the three.

An emblem is a symbol in the form of an image or an object that represents a place, an idea, and even a person. The Québec flag, adopted on January 21, 1948, is a white cross on an azure background with four fleurs-de-lys. To represent Québec's role in the founding of Canada, the fleur-de-lys is on the Coat of Arms of Canada. Selected as Québec's floral emblem in 1999, the Blue Flag Iris looks like a fleur-de-lys.

The Snowy Owl is Québec's provincial bird. This almost pure-white bird can survive temperatures as low as -50° Celsius. Its wingspan is 125–150 centimetres. The Snowy Owl looks huge but in fact only weighs between 1.6 and 3 kilograms. Able to turn its head 270°, it can spot a lemming the size of a mouse, at a distance of 1 kilometre.

The Yellow Birch has brilliant orange-yellow autumn leaves and is the official tree. The tree plays an important role in the lumber industry of Québec.

Le français est la langue officielle de la province. Après Paris, Montréal est la plus grande ville francophone au monde.

Pour assurer la survie de la langue française sur un continent à majorité anglophone – les autres provinces canadiennes et les États-Unis au sud –, le Québec a adopté la loi 101 en 1977. Le français est devenu la langue officielle du Québec et la langue normale et habituelle au travail, dans l'enseignement, les communications, le commerce et les affaires.

French is the sole official language of the province. Second to Paris, Montréal is the largest French-speaking city in the world.

In a sea of English-speaking provinces and with the United States as its neighbor to the south, Québec needed to assure the survival of the French language. In 1977, Bill 101, also known as the Language Bill, was made into law. Consequently, the survival of the French language was guaranteed, as it became the official language of the workplace, education, communications, and commerce.

Ff

F comme français
   Le parlez-vous?
   Bien sûr, *I do.*
   Et vous?
   Très bien, merci, *thank you*!

F is for French
   Parlez-vous?
      Indeed, I do.
   Et vous?
   Very well, merci beaucoup.

Gg

La gomme d'épinette est la sève protectrice que l'arbre sécrète quand l'écorce a été endommagée. C'est un antiseptique naturel pour les humains et les animaux. On s'en sert pour les produits de soins pour la peau, pour fabriquer du savon et traditionnellement pour les soins des sabots du bétail et des chevaux. Elle peut aussi servir de combustible pour les torches, d'enduit d'étanchéité, de colle. Mélangée à du miel, on peut en faire de la gomme à mâcher. Enfin, elle entre dans la composition d'une boisson délicieuse, la bière d'épinette.

Les autochtones en connaissaient les usages et les bienfaits et les transmirent aux Européens.

Pine gum is the protective sap that the pine tree produces when the bark has been damaged. It is a natural antiseptic for humans and animals. It is used for skin-care soaps and was traditionally used for hoof care for cattle and horses. It can serve as fuel for torches, sealer, glue, and delicious drinks. When mixed with honey it makes chewing gum.

First Nations were well acquainted with all its uses and taught them to the Europeans.

G comme gomme d'épinette

La gomme d'épinette
ça colle partout,
sur ma chatte Minette,
sur mes bottes en caoutchouc.

G is for Pine Gum

Pine gum, pine gum,
sticky sticky pine gum.
Get it on my fingers, get it in my hair,
get it on my pants and I'll stick to the chair.

H h

H comme hockey
Il avance vers le but.
Le gardien est en vue.
Il lance. Il compte! Bien joué!
C'est la soirée du hockey.

La première partie de hockey jamais jouée sur une patinoire intérieure a eu lieu le 3 mars 1875 au Victoria Skating Rink de Montréal. L'événement fut une grande réussite. Les premières finales de la coupe Stanley furent disputées sur la même patinoire entre les équipes de Montréal et de Winnipeg. Au début, on jouait avec une balle jusqu'à ce qu'on la remplace par un disque de bois, l'ancêtre de la rondelle.

Fondé en 1909, le club des Canadiens de Montréal est l'équipe professionnelle de hockey la plus ancienne. Elle est la seule à avoir vu le jour avant la création de la Ligue nationale de hockey. Parmi les joueurs légendaires de cette équipe figure Maurice Richard, surnommé « *le Rocket* », né le 4 août 1921 et décédé le 27 mai 2000. Il a été le premier joueur à marquer 50 buts durant une saison. Lors de son départ à la retraite, il était le joueur ayant récolté le plus de points dans l'histoire de la LNH, détenteur du record avec ses 544 buts.

The first recorded organized indoor hockey game was played on March 3, 1875, at the Victoria Skating Rink in Montréal. The game was a hit. And the first Stanley Cup playoffs were held on that very same rink. It was played between Montréal and Winnipeg. The game of hockey was first played with a ball. The first puck to be used was a flat wooden disk.

Founded in 1909, the Montréal Canadiens is the longest continuously operating professional hockey team, and the only current team that predates the founding of the NHL. Among the many unforgettable heroes is "the Rocket." Maurice Richard was born on August 4, 1921, and died May 27, 2000. He was the first player to score 50 goals in one season. He finished his career with 544 goals and retired as the NHL's all-time leading scorer.

H is for Hockey

Stare down the goalie.
Fake to the right.
He shoots. He scores!
It's hockey night.

Ii

I comme îles de la Madeleine

Des îles parsemées
dans l'estuaire
où les dauphins nagent
librement vers la mer.

Les îles de la Madeleine sont situées dans le golfe du Saint-Laurent entre l'Île-du-Prince-Édouard, la Nouvelle-Écosse et Terre-Neuve. L'archipel compte une douzaine d'îles. Plus de 13 000 habitants y vivent, pour la plupart d'origine acadienne.

On y trouve des phoques, des baleines, de la morue, du homard, du crabe des neiges et d'autres crustacés. Pour se rendre aux îles, il faut prendre l'avion ou le traversier. Les tempêtes violentes et l'eau peu profonde en certains endroits ont causé des centaines de naufrages, donnant à l'archipel la réputation d'être un cimetière marin.

On peut y faire des excursions à vélo, de la randonnée à cheval, de la voile, du zodiac, du kayak de mer ou de la plongée sous-marine. Avec leurs 300 km de plages aux dunes de sable rouge et blanc et leurs falaises éblouissantes, les îles de la Madeleine sont l'endroit idéal pour accueillir un événement annuel spectaculaire, le Concours de châteaux de sable.

I is for Îles de la Madeleine

A string of islands
out in the sea
where dolphins swim
wild and free.

Les Îles de la Madeleine are situated in the middle of the Gulf of St. Lawrence between Prince Edward Island, Nova Scotia, and Newfoundland. This cluster of islands, called an archipelago, consists of a dozen islands. The inhabitants number a little over 13,000 and are mostly of Acadian descent.

Seals, dolphins, whales, cod, lobster, snow crab, and other crustaceans are found in the area. To get there from the continent one must either travel by plane or by ferry. Due to raging storms and the shallows, there have been hundreds of shipwrecks, giving the archipelago the reputation of being a marine cemetery.

Les Îles offer cycling, horseback riding, sailing, zodiac excursions, sea kayaking, and deep-sea diving. The 300 kilometres of beaches with red and white sand dunes and cliffs are a true jewel in the sea and ideal for the absolutely spectacular Annual Sand Castle Competition.

Le projet de la baie James est un ensemble de barrages et de centrales hydroélectriques qui a nécessité le détournement des rivières Eastmain, Opinaca, Caniapiscau et Rupert, leurs eaux se déversant dans la rivière La Grande située dans la région de la Jamésie, sur la côte est de la baie James. La construction de cet énorme complexe débuta en 1972.

Aujourd'hui, le Québec possède au total 59 centrales hydroélectriques. Hydro-Québec produit environ le quart de toute l'électricité consommée dans le monde et fournit de l'électricité à plus de 4 millions de clients au Québec, au Nouveau-Brunswick et à la Nouvelle-Angleterre.

The James Bay Project is a hydroelectric dam project that required diverting four rivers—the Eastmain, Opinaca, Caniapiscau, and Rupert—into La Grande Rivière in the Jamésie region, located on the east coast of James Bay. Construction of this mega project began in 1972.

Today, Québec has over 59 hydroelectric generating stations throughout the province. Hydro-Québec produces approximately a quarter of all the electricity used in the world and provides electricity to over four million customers in Québec, New Brunswick, and New England.

Jj

J comme James (projet de la baie)
Grâce à Hydro
en hiver, je suis bien au chaud.
Et quand il fait nuit,
je peux lire dans mon lit.

J is for James Bay Project
The Project of the Century
brings my house heat and light.
When it's cold outside I'm toasty.
And when it's dark I can read at night.

K k

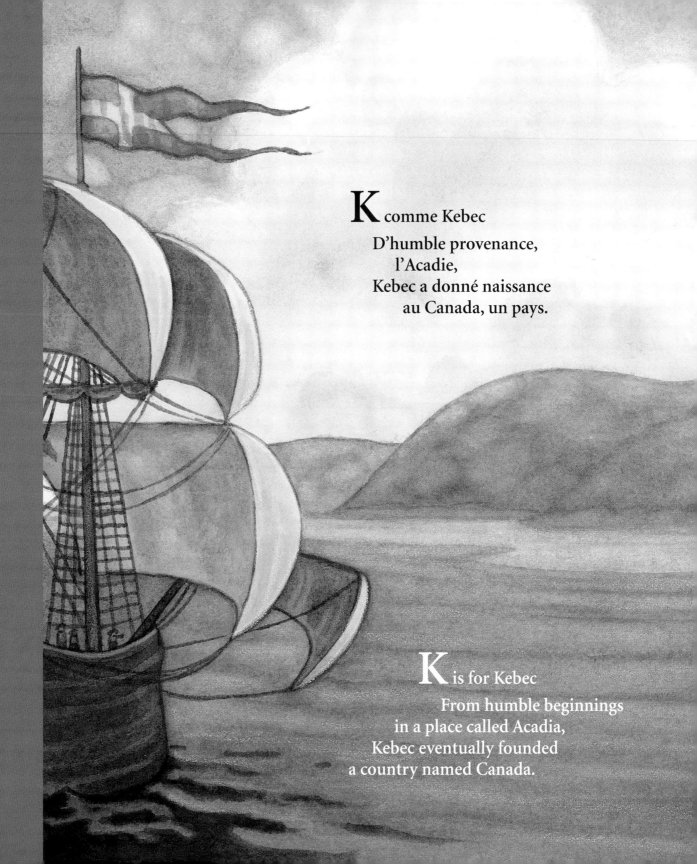

En 1608, l'interprète africain Mathieu Da Costa, qui était membre de l'expédition de l'explorateur et cartographe français Samuel de Champlain, traduisit le mot algonquin *Kebec* par l'expression « là où le fleuve se rétrécit ». À la suite de cette expédition, Champlain établit une colonie permanente située en bordure du fleuve Saint-Laurent près de ce qui est aujourd'hui la ville de Québec.

En 1867, le Québec, l'Ontario, le Nouveau-Brunswick et la Nouvelle-Écosse se réunissent pour fonder la Confédération canadienne. Le Québec est la plus grande province, couvrant plus de 15 % du territoire canadien.

African-born interpreter Mathieu Da Costa sailed on the 1608 expedition with French explorer Samuel de Champlain. Da Costa interpreted the Algonquin word *Kebec* to mean "the place where the river narrows." Champlain went on to establish a permanent settlement along the St. Lawrence River near what is now Québec City.

In 1867 Québec, Ontario, New Brunswick, and Nova Scotia formed the Confederation of Canada. Québec is the largest province, covering more than 15 percent of Canada's territory.

K comme Kebec
D'humble provenance,
l'Acadie,
Kebec a donné naissance
au Canada, un pays.

K is for Kebec
From humble beginnings
in a place called Acadia,
Kebec eventually founded
a country named Canada.

La chaîne de montagnes Laurentiennes couvre un territoire de 22 500 km² qui s'étend du nord au sud à partir de Mont-Laurier jusqu'à la rivière des Mille-Îles, et de l'est à l'ouest à partir de la région de Lanaudière jusqu'à celle de l'Outaouais. La chaîne de montagnes a été formée il y a 4,5 milliards d'années durant la période précambrienne. Le mont Raoul-Blanchard qui culmine à 1 181 m est le plus haut sommet de la chaîne.

Le Parc national du Mont-Tremblant est situé au nord de Montréal. Il compte 6 grandes rivières et plus de 400 lacs et ruisseaux. L'été, on peut y faire de la natation, du canot, du kayak, de la pêche, du vélo ou de la randonnée. L'hiver, le parc est idéal pour faire de la raquette et du ski de fond, de la motoneige ou du traîneau à chiens. L'imposant mont Tremblant, qui culmine à 968 m, domine le paysage. Il reçoit annuellement 380 cm de neige. La Station de ski Mont Tremblant, qui se trouve à l'extérieur des limites du parc, est avec ses 95 pistes de ski parmi les stations les plus prisées d'Amérique du Nord.

À l'automne, durant la période que l'on appelle l'« été des Indiens », la forêt boréale des Laurentides se transforme en une symphonie de couleurs où dominent les rouges et les jaunes.

L l

L comme Laurentides

Ses montagnes sont de vrais terrains de jeu.
Toute l'année, on a du plaisir autant qu'on veut.
En été, c'est du canot-camping sur ses lacs;
en hiver, du ski et de la raquette dans ses parcs.

The Laurentian mountain range covers a 22,500-sq. kilometre territory that spans north to south from Mont-Laurier to Rivière des Mille-Îles, and east to west from Lanaudière to the Outaouais region. The range was formed 4.5 billion years ago during the Precambrian period. At 1,181 metres, Mount Raoul Blanchard is the range's highest peak.

Mont Tremblant National Park is situated north of Montréal. Shared with the park is the imposing Mont Tremblant, with a summit of 968 metres and an average annual snowfall of 380 centimetres. Its 95 ski trails make it among North America's leading ski resorts. The park has 6 rivers and over 400 lakes and streams. In summer, people enjoy swimming, canoeing, kayaking, fishing, cycling, and hiking. In the winter the park provides snowshoe and cross-country ski trails, snowmobiling, and dog-sledding.

In the fall, during a period called the Indian Summer, the Laurentian boreal forest becomes a kaleidoscope of red and yellow leaves.

L is for the Laurentians

Within these mountains is nature's playground.
With parks and lakes, there's fun year-round.
In summer you can camp and canoe.
In winter you can ski and snowshoe.

Montréal a été fondée en 1642. L'architecture de cette période a été préservée dans le Vieux-Montréal et le quartier du Vieux-Port. Aujourd'hui, Montréal est la deuxième plus grande ville au Canada et figure parmi les plus grands ports intérieurs au monde. Elle est la plaque tournante d'un réseau ferroviaire qui relie l'Atlantique, l'Ouest canadien et les États-Unis.

Avec une population de près de 4 millions d'habitants, l'agglomération montréalaise est un centre financier et commercial important. La ville s'illustre notamment par le dynamisme de ses industries (aéro-spatiale, pharmaceutique, culturelle et touristique) ainsi que par ses entreprises spécialisées dans le développement de logiciels et de jeux vidéo.

Inauguré en 1876, le parc du Mont-Royal domine le centre-ville. Le stade olympique, le centre Bell, le stade Molson, le circuit Gilles-Villeneuve (où se court le Grand Prix de formule 1 du Canada) et le stade Saputo (soccer) sont les principaux complexes sportifs de la ville. *Espace pour la vie*, le plus important complexe muséal en sciences de la nature au Canada, regroupe le Jardin botanique, le Biodôme, l'Insectarium et le Planétarium. En raison de ses origines catholiques, Montréal compte de nombreuses églises, les plus importantes étant la cathédrale Marie-Reine-du-Monde, la basilique Notre-Dame, la basilique Saint-Patrick et l'oratoire Saint-Joseph qui est la plus imposante église catholique au Canada.

M comme Montréal

Montréal et son passé lointain!
Une ville aux accents européens
accueille les gens de partout.
Bienvenue chez nous!

M is for Montréal

Montréal!
A city with European flair
welcomes people
from everywhere.

Montréal was founded in 1642. The architecture of this period has been preserved in Old Montréal, which includes the Old Port. Today, Montréal is Canada's second largest city and is among the world's largest inland ports. Its railway hub links the Atlantic with the west of Canada and the United States.

With a population of close to four million, Montréal is known for its commerce, aerospace, technology, pharmaceuticals, computer/video games development, tourism, and arts.

Inaugurated in 1876, Mount Royal Park dominates the centre of the city. The Olympic Stadium, Centre Bell, Molson Stadium, Circuit (Grand-Prix racetrack) Gilles-Villeneuve, and the Stade Saputo (soccer) are the city's major sports complexes. *A Space for Life* is Canada's largest natural science museum complex, which includes the Montréal Botanical Gardens, the Biodôme, the Insectarium, and the Planetarium. As symbols of its Roman Catholic past, Montréal has four basilicas: Mary Queen of the World, Notre-Dame, St. Patrick's, and the St. Joseph Oratory, which is the largest Catholic church in Canada.

N n

N comme Nunavik

Pays de nomades aussi anciens que le temps,
Vivant en harmonie avec la neige et le vent,
Chasseurs de phoques et de caribous
Autrefois, en hiver, habitaient les igloos.

Située dans l'Arctique, la région du Nunavik s'étend sur plus de 500 000 km^2, soit plus du tiers de la superficie du Québec. La capitale administrative du Nunavik est Kuujjuaq. Le soubassement de la région date de 2,1 milliards d'années environ et est parmi les plus anciens au monde. Le climat est sub-arctique et arctique avec des températures moyennes oscillant entre +12° et -24°C.

Aujourd'hui, près de 11 000 personnes vivent au Nunavik, pour la plupart des descendants des Inuits, un peuple légendaire qui vécut en harmonie avec la nature pendant des milliers d'années. Autrefois, les Inuits dépendaient pour leur survie des animaux, en particulier des phoques, des morses, des baleines et des caribous, qui leur assuraient un approvisionnement en viande, en peaux, en os, en ivoire et en graisse. Ils s'en servaient pour fabriquer leurs vêtements, leurs outils et leurs bijoux, pour construire leurs igloos, pour se chauffer et s'éclairer, et en tiraient les matériaux nécessaires à la fabrication de leurs kayaks. Les petits garçons inuits apprenaient dès leur plus jeune âge à chasser. De nos jours, plusieurs des traditions inuites sont préservées.

L'inuktitut est parlé par 99 % des Inuits. Toutefois, l'anglais est utilisé couramment, et de plus en plus, le français.

N is for Nunavik

Land of legendary people
of ice and snow,
with ancient traditions
that only they know.

Located in the Arctic region, Nunavik is more than 500,000 square kilometres, one-third of the surface of the province. The administrative capital of Nunavik is Kuujjuaq. The bedrock here is approximately 2.1 billion years old and is among the oldest in the world. The climate is arctic and subarctic with temperatures ranging between 12° and -24° Celsius.

Today, close to 11,000 Inuit live in Nunavik. They are descendants of a legendary people who have lived in harmony with nature for thousands of years. In the past Inuit relied on animals, especially seal, walrus, and caribou, to provide them with meat, pelts, bones, ivory, and blubber. They used these for clothing, shelter, tools, jewelry, heating oil, and material to make kayaks. At a young age the Inuit child was taught to hunt. Many Inuit traditions are kept alive today.

Inuktitut is spoken by 99 percent of the Inuit; however, English is commonly spoken and, increasingly, French.

O comme ouananiche

La ouananiche,
ce poisson fougueux,
    au printemps nage à contre-courant
        pour aller pondre ses œufs.

O is for Ouananiche

The Ouananiche is
a feisty thing.
    It swims upstream
        to spawn in the spring.

Originaire du Lac-Saint-Jean, la ouananiche est reconnue pour ses sauts spectaculaires. Les pêcheurs à la mouche aiment tellement ce saumon d'eau douce qu'il a été introduit dans d'autres lacs au Canada, aux États-Unis et au nord de l'Europe.

À la fin du printemps, les poissons adultes remontent la rivière où ils sont nés pour venir y frayer. Les femelles creusent leur nid dans le gravier et pondent des milliers d'alevins. Une fois éclos, les jeunes font le chemin inverse.

Native to Lac Saint-Jean, the Ouananiche (wa-wa-neesh) is known for its Olympian leaps. Fly fishers love this freshwater salmon so much that they introduced it to other lakes in Canada, the United States, and Northern Europe.

In late spring, adults swim upriver back to where they were born in order to spawn. The females dig nests in the gravel bed and lay thousands of eggs. Once hatched, the young eventually swim back to the lake.

O o

P comme poutine

Des frites, du fromage, d'la sauce en masse,
D'la poutine, j'en mange même si j'ai p'us d'place!
La meilleure poutine? Y en a bien plus qu'une.
C'est pour ça qu'ma bedaine est grosse comme la lune.

P is for Poutine

French fries, cheese curds, and gravy galore—
I can't stop eating, I just want more!
From a chip wagon or a greasy spoon,
that's why my tummy's round like the moon.

P p

Ce mets délicieux, qui voit le jour dans le Québec des années 1950, est à l'origine un mélange d'ingrédients très simples : des pommes de terre frites et du fromage en grains, le tout nappé de sauce brune chaude.

Il existe d'autres mets traditionnels incontournables comme la tourtière, un pâté à la viande servi à Noël et le premier de l'An, ou la cipaille faite avec du canard, du lièvre, du chevreuil, de la perdrix et de l'orignal. Sans oublier le pouding-chômeur, un genre de gâteau fait avec du sucre brun ou du sirop d'érable, ou la délicieuse tarte au sucre!

This tasty mess of humble ingredients consists of french fries, cheese curds, and gravy. Poutine was invented in Québec in the late 1950s. The original recipe consists of french fries, *crotte de fromage*, and gravy.

Other traditional foods are *tourtière* (tou'-tYARE), a meat pie served on Christmas and New Year's Eve, and *cipaille* (sea pie) made of duck, hare, elk, partridge, and moose. *Pouding Chômeur* ("unemployed pudding") is a cake made with brown sugar or maple syrup. And don't forget the delicious Sugar Pie!

Q q

Q comme Québec

C'est qui ce bonhomme de neige si joyeux
avec une belle tuque rouge sur la tête?
Mais c'est le Bonhomme Carnaval de Québec
qui nous invite tous à faire la fête.

Fondée par Samuel de Champlain en 1608, la ville de Québec domine le fleuve Saint-Laurent. Elle est l'une des plus anciennes villes d'Amérique du Nord et une capitale depuis plus de 400 ans. Figurant parmi les plus anciennes colonies européennes, elle est considérée comme la première véritable « ville » non hispanophone en Amérique du Nord.

Ses fortifications en pierres sont la seule muraille qui ne s'est jamais effondrée au nord du Mexique. Le Vieux-Québec figure sur la Liste du patrimoine mondial de l'UNESCO.

C'est sur les plaines d'Abraham qu'eut lieu la célèbre bataille qui opposa, en 1759, soldats anglais et français durant la guerre de Sept Ans.

Le majestueux Château Frontenac qui domine le fleuve a été désigné « lieu historique national du Canada ».

La ville de Québec est également un centre culturel renommé. L'hiver, son carnaval mettant en vedette le célèbre Bonhomme Carnaval attire de nombreux touristes; l'été, la ville est en fête avec ses nombreux festivals et ses artistes de rue. Le défilé le plus important pour les Québécois reste celui organisé à l'occasion de la fête nationale qui est célébrée le 24 juin.

Q is for Québec City

Who's that snowman looking so jolly
in a red tuque and a sash 'round his tummy?
It's *Bonhomme Carnaval* from Québec City,
welcoming us to join the party.

Founded by Samuel de Champlain in 1608, Québec City overlooks the St. Lawrence River. It is among the oldest cities in North America and has served as a capital for over 400 years. It is one of the oldest European settlements in North America and is considered the first European-built city in non-Spanish North America. The fortified walls made of stone are the only remaining ramparts that still exist north of Mexico. Old Québec is listed as a UNESCO World Heritage Site.

The Plains of Abraham is where the famous battle during the seven-year war was fought in 1759 between the English and the French. The castlelike Château Frontenac, overlooking the river, is a National Historic site of Canada.

Winter or summer, Québec City's cultural scene is vibrant. It is famous for its Winter Carnival featuring *Bonhomme Carnaval*. In the summer, there are festivals and street performers. The most important parade for the Québécois is La Fête National du Québec, historically called La Saint-Jean Baptiste. The celebration is held on June 24.

Rr

R comme Rocher Percé

Géant navire de pierre,
son œil guette la mer.
Il endure le temps, ce cyclope solitaire,
sentinelle du golfe, ce navire de pierre.

Le Rocher Percé est une icône du Québec. Situé dans le golfe du Saint-Laurent à l'extrémité est de la péninsule gaspésienne, ce monolithe de 6 millions de tonnes de roche calcaire d'un rouge doré possède une arche creusée par les éléments naturels. Les spécimens de fossile du Rocher Percé datent de la période dévonienne, il y a 400 millions d'années environ. Le rocher fait 475 m de long, 90 m de large et 88 m de haut en son point le plus élevé.

C'est Champlain qui lui a donné son nom en 1607. Le 17 juin 1845, une arche extérieure s'est effondrée et a formé l'obélisque. On prévoit que les effets de l'érosion naturelle feront s'écrouler la dernière arche dans 400 ans environ.

Le rocher fait partie du Parc national de l'Île-Bonaventure-et-du-Rocher-Percé, un sanctuaire pour plus de 200 espèces d'oiseaux marins migratoires, notamment le macareux, le petit pingouin et la mouette argentée. On estime que plus de 110 000 fous de Bassan y nichent chaque année.

R is for Percé Rock

Stone ship rising from the sea
with one eye from which to see
a million years and a million days,
the changing ocean from blues to grays.

Percé Rock, which means "Pierced Rock," is a Québec icon. It is located in the Gulf of St. Lawrence at the tip of the Gaspé Peninsula. The six-million-ton monolith of sheer rock is made of reddish-gold limestone and has an arch that was formed by the forces of nature. Fossil specimens date Percé Rock, at 400 million years old, to the Devonian period. It is 475 metres long, 90 metres wide, and 88 metres tall at its highest point.

Champlain gave the rock its name in 1607. On June 17, 1845, the outer arch collapsed to form an obelisk. It is estimated that, through natural erosion, the last arch will collapse in about 400 years.

Percé is part of Bonaventure Island and Percé Rock National Park. The park is a migratory bird sanctuary with over 200 bird species, including puffins, razorbills, and silvery gulls. Northern gannets alone account for an estimated 110,000 birds.

On met du sirop d'érable sur les céréales, dans les boissons et dans les plats que l'on prépare. Il est riche en potassium, en calcium, en fer et en thiamine. Le Québec produit 74 % du sirop d'érable vendu dans le monde.

L'érable à sucre doit avoir entre 30 et 40 ans avant qu'on puisse récolter sa sève. Comme la récolte n'endommage pas l'arbre, certains ont plus de 150 ans. La « saison des sucres » dure environ six semaines. Elle débute à la mi-mars et se termine quand les bourgeons commencent à fleurir.

Maple syrup is used on cereal, in beverages, and in cooking. It is rich in potassium, calcium, iron, and thiamine. Québec produces approximately 74 percent of the world's maple syrup.

A Sugar Maple tree must be between 30 and 40 years old before it can be tapped. Tapping does not harm the tree and some maples have been tapped for more than 150 years. Tapping season is six weeks long, beginning mid-March and ending when the buds begin to bloom.

S comme sirop d'érable

Sirop d'érable, crème d'érable
Sur mes crêpes et sur ma crème glacée ;
Beurre d'érable, tire d'érable,
Mémé en met dans son café.

S is for Maple Syrup

Maple syrup, maple cream
on my pancakes, on ice cream.
Maple butter, maple toffee
on my toast, in Grandma's coffee.

S s

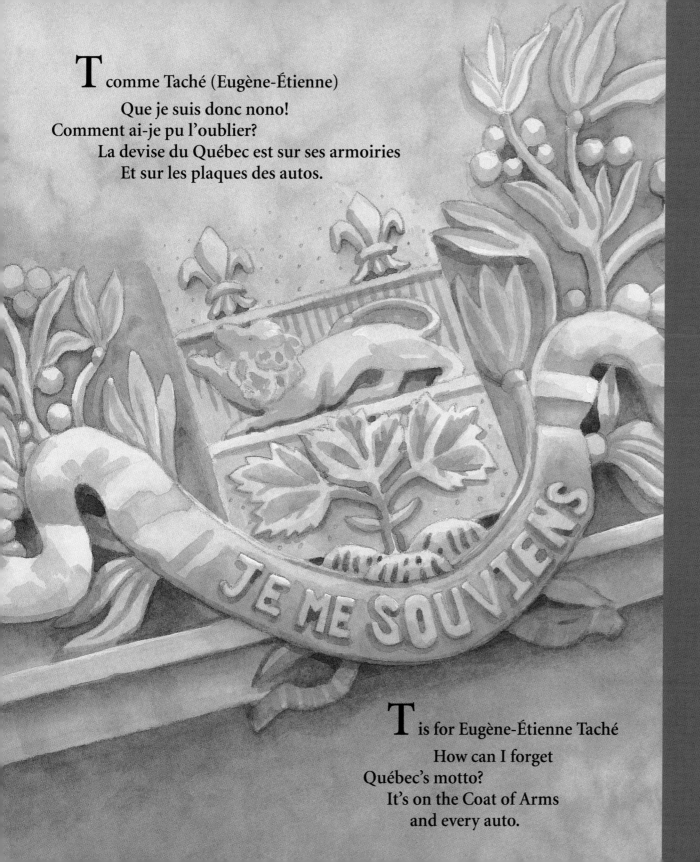

T comme Taché (Eugène-Étienne)

Que je suis donc nono!
Comment ai-je pu l'oublier?
La devise du Québec est sur ses armoiries
Et sur les plaques des autos.

JE ME SOUVIENS

T is for Eugène-Étienne Taché

How can I forget
Québec's motto?
It's on the Coat of Arms
and every auto.

T t

Je me souviens est la devise du Québec. Ces mots sont gravés sous les armoiries qui ornent le dessus de la porte principale de l'hôtel du Parlement à Québec. L'architecte qui a dessiné les plans de cet édifice est Eugène-Étienne Taché. Né en 1836, il a étudié au Petit Séminaire de Québec et à l'Upper Canada College de Toronto. Il est aussi l'auteur des plans du palais de justice et d'autres édifices publics à Québec.

Quand Taché a dessiné ces armoiries, il a ajouté cette devise. On pense que ces mots proviennent des premières lignes d'un de ses poèmes.

Québec's motto, *Je me souviens*, translates into "I remember." The words are carved below the Coat of Arms on Québec's Parliament Building. Eugène-Étienne Taché, the architect of the building, was born in 1836 and studied at the Petit Séminaire de Québec and at Upper Canada College in Toronto. He also designed Québec City's courthouse and other buildings.

When Taché designed the Coat of Arms, he added the motto. It is believed the words were taken from the first line of a poem Taché was thought to have written.

U comme Ursulines

En Nouvelle-France, il y a longtemps,
Marie de l'Incarnation fonda un couvent.
Elle désirait ardemment
enseigner aux petits enfants.

C'est la communauté des Ursulines qui a fondé un couvent à Québec en 1639, la première institution d'enseignement catholique pour les filles autochtones et métisses en Amérique du Nord.

La fondatrice du couvent, Marie de l'Incarnation, qui avait appris la langue des autochtones, rédigea des dictionnaires en algonquin et en iroquois. Elle traduisit également le catéchisme dans ces deux langues puisque non seulement l'éducation était au programme, mais aussi la conversion religieuse. Aujourd'hui, le couvent qui se trouve dans le Vieux-Québec est devenu un musée et un établissement d'enseignement.

The Roman Catholic order of the Ursulines nuns established a convent in Québec City in 1639. It was the first educational institution for First Nations and Métis girls in North America.

Founder Marie de l'Incarnation learned the local languages, composing dictionaries in Algonquin and Iroquois. She also translated catechism into their languages since not only education was on the agenda but conversion as well. The convent is located in the historical part of Québec City and now operates as a museum and an educational centre.

U is for Ursulines

In New France
the first convent for girls
was established by Marie de l'Incarnation
to assure their education.

V comme villages

Des villages se sont établis
le long du Chemin du Roy,
construit en 1737
entre Montréal et Sainte-Foy.

V is for Villages

Villages grew
along the Chemin du Roy.
Built in 1737
from Montréal to Sainte-Foy.

En 1737, fut inaugurée la première route carrossable au Canada. Long de 280 km, le Chemin du Roy reliait les villes de Québec, Trois-Rivières et Montréal. Aujourd'hui, c'est une route panoramique qui fait la joie des touristes. Elle longe de pittoresques villages d'antan tels que Cap-Santé, Neuville et Grondines et son vieux moulin construit en 1674, le plus ancien au Québec.

La bataille de Trois-Rivières se déroula le 8 juin 1776, lorsque des Bostonnais envahirent la province durant la guerre d'Indépendance. Aujourd'hui, l'ancienne prison, bâtie en 1822, est devenue un musée.

In 1737, the first road in Canada was completed. The 280-kilometre-long Chemin du Roy ("The King's Highway") linked Québec City, Trois-Rivières, and Montréal. Beautiful historical villages such as Cap-Santé, Neuville, and Grondines are situated along the Chemin du Roy. The Grondines windmill was built in 1674 and is the oldest in Québec.

The battle of Trois-Rivières took place on June 8, 1776, when Bostonians invaded the province during the American Revolutionary War. The old prison was built in 1822 and is now a museum.

V v

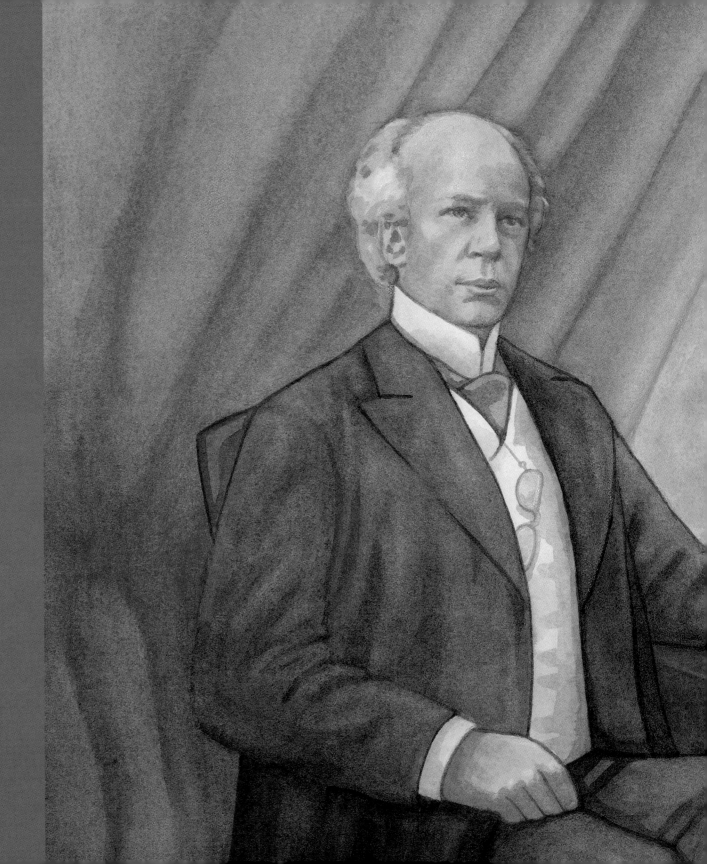

Sir Wilfrid Laurier fut le septième premier ministre du Canada et le premier originaire du Québec.

Laurier est né le 20 novembre 1841 à Saint-Lin-des-Laurentides, à 50 km de Montréal. À 11 ans, il quitte la maison familiale pour aller étudier. Il obtient un diplôme en droit de l'Université McGill. Chef du Parti libéral du Canada, il occupera le poste de premier ministre au tournant du XXe siècle, une période importante d'industrialisation et d'immigration. Il meurt en 1919 et est enterré à Ottawa. Laurier est considéré comme l'un des plus grands premiers ministres du pays.

Voici les noms des autres premiers ministres qui sont nés au Québec :

Louis Saint-Laurent, douzième premier ministre (1948-1957)
Pierre Elliott Trudeau, quinzième premier ministre (1968-1979 et 1980-1984)
Brian Mulroney, dix-huitième premier ministre (1984-1993)
Jean Chrétien, vingtième premier ministre (1993-2003)

W comme Wilfrid Laurier (Sir)

Quand Laurier quitta la maison encore gamin,
savait-il où mènerait un jour son chemin?
Il deviendrait premier ministre du Canada,
assurément, un grand homme d'État.

W is for Sir Wilfrid Laurier

Canada's Prime Minister number seven,
Laurier left home at the age of eleven.
Did he know then that he'd grow up to be
a world statesman of the twentieth century?

Sir Wilfrid Laurier, the first prime minister born in Québec, was Canada's seventh prime minister.

Laurier was born on November 20, 1841, in Saint-Lin-Laurentides, 50 kilometres from Montréal. When he was 11 years old, he left home to study. He graduated with a degree in law from McGill University. Head of the Liberal Party of Canada, Laurier served office at the turn of the twentieth century, a period of industrialization and immigration. He died at the age of 77 and is buried in Ottawa. Laurier is considered among the country's greatest statesmen.

Among the other Québec-born prime ministers are:

Louis St-Laurent, twelfth prime minister (1948–1957)
Pierre Elliott Trudeau, fifteenth prime minister (1968–1979 and 1980–1984)
Brian Mulroney, eighteenth prime minister (1984–1993)
Jean Chrétien, twentieth prime minister (1993–2003)

X x

X comme Expo 67
Pour célébrer le centenaire du Canada,
à la grande fête, le monde entier était là.
Ils étaient venus du Brésil et de Tokyo
à l'Exposition universelle qu'on appela l'Expo.

L'Exposition universelle eut lieu à Montréal en 1967, l'année de la célébration du centenaire de la Confédération canadienne. Le thème en était *Terre des hommes*, inspiré du titre du roman d'Antoine de Saint-Exupéry, auteur du *Petit Prince*.

Plus de 100 pavillons furent construits pour accueillir les expositions et les représentants des 62 pays qui participèrent à l'événement. Vingt-huit millions de tonnes métriques de terre furent nécessaires pour construire et aménager l'île Notre-Dame en face du port de Montréal et pour agrandir l'île Sainte-Hélène. Douze mille arbres furent plantés. Plus de 50 millions de visiteurs se présentèrent sur le site de l'exposition. Le logo de l'Expo s'inspirait d'une ancienne représentation de l'homme debout les bras tendus, joints ensemble pour former un cercle symbolisant l'amitié universelle.

Les arbres plantés en 1967 ont depuis atteint leur maturité et le site est devenu le Parc Jean-Drapeau, rebaptisé ainsi en l'honneur du maire à l'origine de la candidature de la ville.

X is for Expo '67

Canada's 100th anniversary was long ago,
so grand a party, everyone wanted to go.
People came from as far as Brazil and Tokyo
to be part of the World's Fair they called Expo.

The 1967 World's Fair was held in Montréal, the same year that Canada was celebrating its 100th anniversary. The theme was "Man and His World" (*Terre des hommes*), from a title of a book written by Antoine de Saint-Exupéry, the author of *The Little Prince*.

More than 100 pavilions were built to accommodate 62 participating countries, private exhibitions, and theme programmes. Twenty-eight million metric tons of earth were used to build an island in the Montréal Harbor and to extend Île Sainte-Hélène. Twelve thousand trees were planted. More than 50 million visitors came to the Fair. The Expo logo was inspired from an ancient representation of Man with outstretched arms, linked together and forming a circle; symbolizing friendship around the world.

The trees that were planted in 1967 have since grown to full height and the grounds are now Parc Jean-Drapeau, named after the mayor who brought the exhibition to Montréal.

Yy

En abénaquis, *Yamaska* veut dire « là où les joncs poussent ».

La rivière Yamaska prend sa source dans le lac Brome et parcourt 160 km avant de se jeter dans le fleuve Saint-Laurent. Dans les années 1780, des Loyalistes, fuyant les États-Unis après la guerre d'Indépendance, s'installèrent le long de sa rive sud-est, dans la région appelée les « Cantons-de-l'Est ». Aujourd'hui, les terres agricoles de la région de la Yamaska sont considérées comme les plus fertiles du Québec.

Le Parc national de la Yamaska est situé à 6 km de Granby dans la région touristique des Cantons-de-l'Est. Des pistes cyclables et des sentiers pédestres y ont été aménagés.

In Abenakis, *Yamaska* means, "where the rushes grow."

The 160-kilometre-long Yamaska River begins at Brome Lake and from there flows into the St. Lawrence River. In the 1780s, Loyalists, fleeing the United States after the War of Independence, settled along the river's southeast banks in the area called the Eastern Townships. Today the rich agricultural land of the Yamaska region is considered among Québec's most productive farming areas.

Parc national de la Yamaska is six kilometres from Granby in the Eastern Townships region and offers biking and hiking trails.

Y comme Yamaska
La rivière Yamaska
où les joncs pousseront,
vers le Saint-Laurent, loin là-bas
ses eaux couleront.

Y is for Yamaska
The Yamaska River
where rushes grow,
towards the St. Lawrence
its waters will flow.

À ma sœur Michelle et à ma tante Yvette ainsi qu'à mon père qui a
toujours porté dans son cœur sa chère province natale.

This book is dedicated to my sister Michelle, my Aunt Yvette, and to
my father, who loved his native province with all his heart.
—Elaine

۞

À Hélène Worden, ma professeure de français de 5ᵉ et 6ᵉ année à
l'école primaire St. Patrick's de Barrhaven en Ontario.

For Mme Hélène Worden, my grades 5 and 6 French teacher,
St. Patrick's Elementary School, Barrhaven, Ontario.
—Renné

Sleeping Bear Press™

315 E. Eisenhower Parkway, Ste. 200
Ann Arbor, MI 48108
www.sleepingbearpress.com

Printed and bound in the United States.

10 9 8 7 6 5 4 3 2 1

Library of Congress Cataloging-in-Publication Data

Arsenault, Elaine.
F comme Français : un abécédaire du Québec / Elaine Arsenault ; Renne Benoit.
p. cm.
Text in both English and French.
ISBN 978-1-58536-435-0
1. Québec (Province)—Juvenile literature. 2. Québec (Province)—History—Juvenile literature. 3. Alphabet books. I. Benoit, Renne, ill. II. Title.
F1052.4.A77 2013
971.4—dc23
2012007696

L'acronyme ZEC signifie « zone d'exploitation contrôlée ». Uniques au monde, les ZEC sont des territoires établis par l'État québécois et destinés au contrôle des ressources fauniques. D'anciens clubs privés de chasse et de pêche ont été rachetés par l'État afin d'assurer la protection des territoires et leur accessibilité au grand public. Administrées par 600 bénévoles, la soixantaine de ZEC couvrent une superficie de 50 000 km² au Québec.

Aujourd'hui, les amateurs de plein air peuvent jouir au cœur de la forêt boréale de la présence de chevreuils, d'orignaux, de hiboux et même d'ours noirs.

ZEC stands for *Zones d'exploitation contrôlée*. Unique in the world, ZEC is a nonprofit organization whose mission is to assure the conservation of wildlife and territories. Former private fishing and hunting clubs were purchased by the Québec government in order to protect the area and then made available for public use. Run by close to 600 volunteers, there are over 60 ZECs covering an area of 50,000 square kilometres.

Today, lovers of the great outdoors can spend time in the heart of the boreal forest surrounded by deer, moose, owls, and even black bears.

Zz

Z comme ZEC

Sur une bûche, j'ai observé une fourmi,
Puis sous les étoiles, je me suis endormi.
Et seul dans la nuit,
Un hibou m'appelait de son nid.

Z is for ZEC

Sit on a log and watch a bug for a while.
Sleep under the stars and dream with a smile.
Make a campfire or you'll get chilled to the bone.
Hear the owl in the night, it's calling you home.